Konzept, Bastelarbeiten, Text:
Hannah Kastenhuber

Illustrationen:
Charlotte Wagner:
Titel, S. 4, 12, 14, 16, 18, 20, 23, 24, 26, 28, 31,
32, 34, 36, 38, 42, 45, 46, 48, 53, 55, 57

Sonja Gagel (Schritt-für-Schritt-Anleitungen):
S. 13, 15, 17, 19, 21, 23, 25, 27, 29,
33, 35, 37, 39, 43, 45, 47, 49

Fotos:
Jens Wegener: S. 7, 8, 9, 12, 14, 16, 18, 20, 22, 24, 26, 28, 30, 32, 34,
36, 38, 42, 44, 46, 48, 52, 53, 54, 55, 56, 57, 58, 59, 60, 61, 64;
iStockphoto: S. 2/3 (yulkapopkova), 10 (ozgurcankaya), 11 (PetrBonek),
40 (janos_somodi), 41, (Maria Symchych-Navrotska), 50 (damircudic); Shutterstock:
S. 7 (Arantxa Forcada Garcia, Krzysztof Pazdalski), 8 (penofoto, Stock Rocket),
40 (Julia Sudnitskaya); Adobe Stock: S. 6 (Kristall), 51 (Orlando Florin Rosu),
62/63 (enjoyphotos.de); photocase: 50 (Miss X); Pixabay: S. 10, 40, 50

Gestaltung: Tocologo Kommunikationsdesign
Repro: m4p Kommunikationsagentur GmbH, Nürnberg
Druck und Bindung: Leo Paper

ISBN 978-3-946360-43-8

Hannah Kastenhuber (Hg.)

Müll-WERKSTATT

Basteln • Spielen • Bauen

Mit Illustrationen von
Charlotte Wagner und Sonja Gagel
sowie Fotos von Jens Wegener

klein & groß
Verlag

AUS ABFÄLLEN WERDEN

Bastelideen!

Holzreste, leere Dosen, Pappkartons, alte Schnüre – Kinder sehen in vermeintlich wertlosem Abfall schon immer großes Potenzial für Bastelarbeiten und fantasievolles Spiel. Mit kreativen Ideen mach Upcycling Groß und Klein Spaß!

BASTELN

BAUEN

SPIELEN

BASTELN

SCHNELLE Segelboote

DU BRAUCHST:

Pappe / Schere / Alleskleber / Stoffreste / Schaschlikspieße oder sehr dünne Holzstäbe
Deckel von Gurken- oder Marmeladengläsern / lufthärtende Modelliermasse

1 Als Erstes schneidest du aus Pappe Dreiecke für dein Segel aus.

2 Diese Dreiecke beklebst du anschließend mit bunten Stoffresten.

3 Dann knickst du die Dreiecke in der Mitte zu Segel und klebst diese an zehn bis 15 Zentimeter langen Holzstäben oder Schaschlikspießen fest.

4 Mit etwas Modelliermasse und Alleskleber befestigst du die Segelmasten auf den Deckeln – fertig ist dein Boot!

WIR LEBEN AUF DEM *Bauernhof!*

DU BRAUCHST:

Klorollen / Acryl- oder Plakafarbe / Pinsel / helles Tonpapier
Filz in verschiedenen Farben / Schere / Kleber / Nagelschere
Pfeifenputzer oder Chenilledrähte in verschiedenen Farben / Klebeband / Wackelaugen

1 Zuerst malst du die Klorollen in der Grundfarbe deiner Tiere an (Rosa für das Schwein, Gelb für das Huhn und so weiter).

2 Aus Tonpapier schneidest du die Köpfe deiner Tiere aus, malst sie an und klebst ihnen Wackelaugen auf.

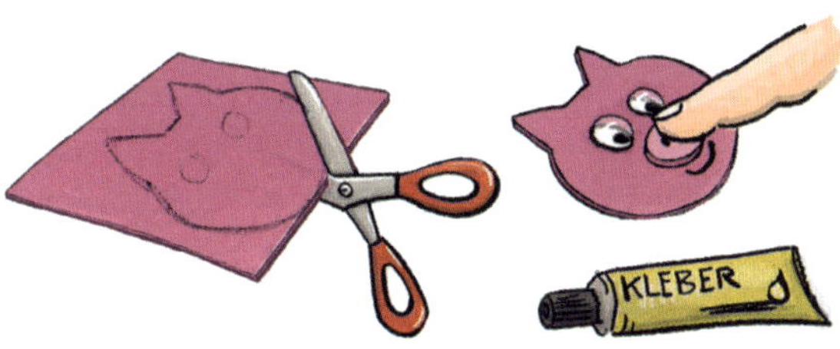

3 Danach schneidest du aus Filz Pferdemähne, Kuhflecken, Hühnerkamm, Hundeohr, Schweineschnauze und Schweineohren aus und klebst sie auf.

4 Jetzt bastelst du aus Filz außerdem einen Schwanz für den Hund, einen Pferdeschweif und Federn für das Huhn. Für das Schwein und die Kuh formst du aus Pfeifenputzern oder Chenilledraht einen Schwanz. Klebe alles an die Klorollen.

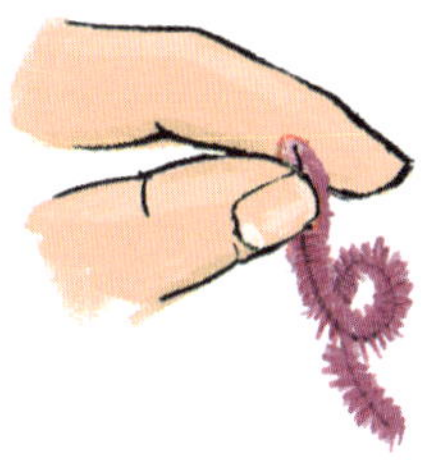

5 Aus farblich passenden Pfeifenputzern oder Chenilledrähten formst du Beine für die Tiere. Dann bohrst du in die Unterseiten der Klorollen mit einer Nagelschere zwei bzw. vier kleine Löcher, steckst dort den Draht durch und befestigst ihn mit Klebeband an der Innenseite der Klorollen.

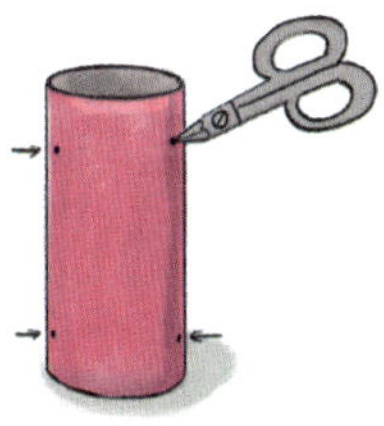

FLINKER *Flieger*

DU BRAUCHST:

Für das Flugzeug: leere Küchenrolle / spitze Schere / Pinsel / Acrylfarbe / Wellpappe Bleistift / Moosgummi / dünnen Draht / Holzperle / Klebeband / flüssigen Kleber / Tonpapier
Für den Piloten: Korken / Pinsel / Acrylfarbe / schwarzen Filzstift / Paketschnur Kleber / Filzreste / Nylonfaden

1 Zuerst kürzt du die Küchenrolle auf 18 bis 20 Zentimeter. Schneide dann eine vier Zentimeter lange und vier Zentimeter breite, halbrunde Öffnung in die Rolle. Markiere mit Bleistift die Stellen, an denen später Tragfläche und Heckflossen in die Rolle gesteckt werden. Schneide diese Stellen ein.

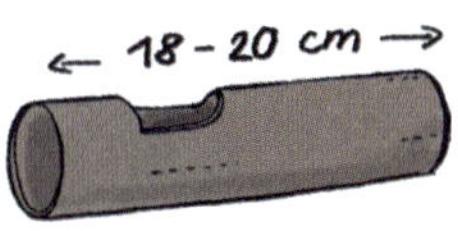

2 Schneide aus Wellpappe die Tragfläche und Heckflossen aus. Male die Rolle an. Stecke Tragfläche und Heckflossen in den Flieger.

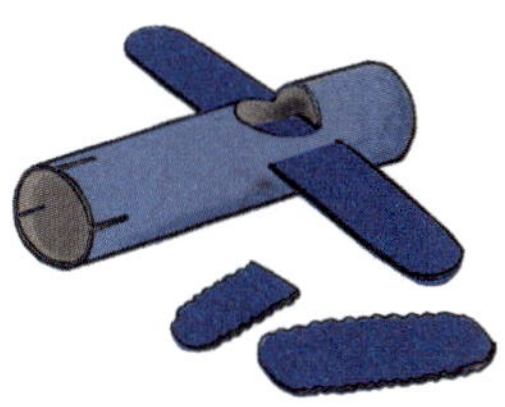

3 Schneide aus der Wellpappe einen Kreis aus, der so groß ist, dass du die vordere Öffnung der Küchenrolle damit verschließen kannst. Schneide aus Moosgummi einen Propeller aus. Bohre in die Mitte der Wellpappe und in die Mitte des Propellers ein Loch.
Knicke ein etwa zehn Zentimeter langes Stück Draht in der Mitte, fädle eine Holzperle auf und verdrehe den Draht so, dass die Holzperle fixiert ist. Stecke die Drahtenden erst durch den Propeller, dann durch das Wellpappestück. Klebe den Draht mit Klebeband an der Wellpappe fest.

4 Klebe die runde Wellpappe vorne aufs Flugzeug. Schneide aus Tonpapier Sterne, Buchstaben oder Streifen aus und klebe sie auf.

5 Für den Piloten bemalst du den Korken mit Acrylfarbe. Male ihm ein Gesicht auf und klebe kurze Schnüre auf den „Kopf“. Schneide aus Filz Ohrenschützer und einen Schal aus und klebe beides fest. Klebe den Piloten ins Flugzeug. Um das Flugzeug aufzuhängen, musst du nur noch einen Nylonfaden um den Piloten binden.

LEUCHTENDE *Blüten*

DU BRAUCHST:

Eierkartons / Schere / Nagelschere / Acrylfarbe / Pinsel
Lichterkette / grünes Krepppapier / Kleber

1 Zuerst schneidest du die Spitzen, die die einzelnen Eier voneinander trennen, aus dem Karton heraus. In den Rand dieser Spitzen schneidest du Wellen oder Zacken, so dass diese aussehen wie Blüten.

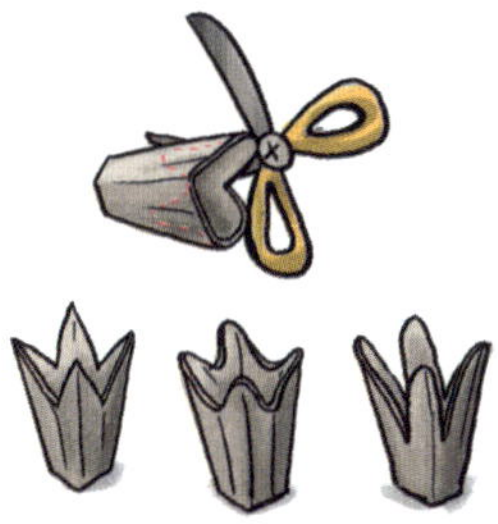

2 Mit einer Nagelschere bohrst du kleine Löcher in die Blüten. Durch die Löcher steckst du später die Lämpchen der Lichterkette.

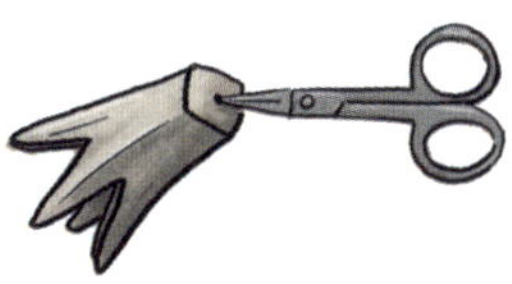

3 Nun malst du die Blüten in unterschiedlichen Farben an. Sobald die Farbe getrocknet ist, steckst du die Blüten auf die Lichterkette.

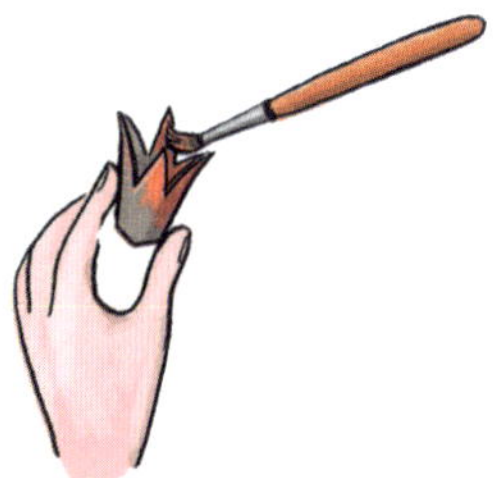

4 Zuletzt schneidest du drei bis vier Zentimeter breite Streifen einer Krepppapier-Rolle ab und umwickelst damit das Kabel der Lichterkette. Damit das Krepppapier besser hält, kannst du die Enden mit etwas Kleber befestigen.

AHOI, kleiner Wal!

DU BRAUCHST:

Obstkiste oder kleine Holzkiste / Pinsel / blaue und weiße Acrylfarbe
Wellpappe / Schere / Kleber / blaues Tonpapier / Wackelauge / dünnen Holzstab

1 Zuerst malst du die Kiste innen und außen blau an.

2 Solange die Farbe trocknet, schneidest du aus Wellpappe einen Streifen aus, der so lang ist wie die Kiste. Der untere Rand des Streifens sollte gerade sein und oben in Wellenlinien verlaufen.

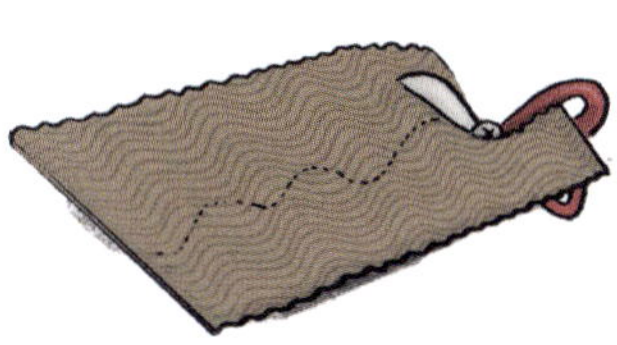

3 Anschließend malst du den Streifen mit blauer Farbe an und klebst ihn, nachdem er getrocknet ist, am unteren Rand der Kiste fest.

4 Aus Tonpapier und Wellpappe schneidest du einen Wal aus und klebst ihm ein Auge auf. Den Holzstab, der in etwa die doppelte Länge der Kiste haben sollte, malst du blau an.

5 Knapp über der Wellenlinie lässt du dir nun von einem Erwachsenen auf beiden Seiten der Kiste ein Loch bohren. Durch diese Löcher schiebst du den Holzstab.

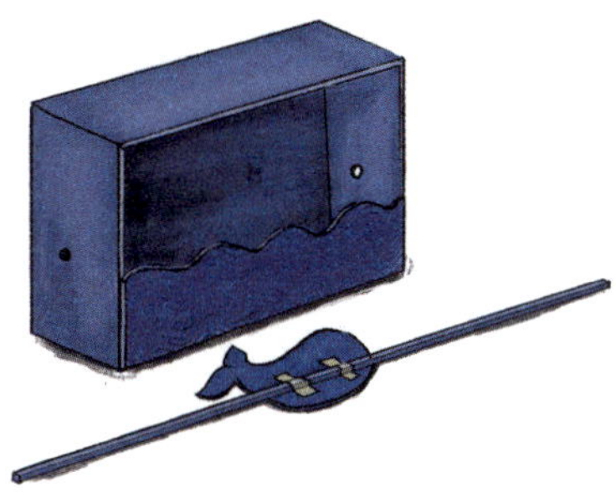

6 Jetzt musst du deinen Wal nur noch in der Mitte des Stabes festkleben – und schon kann er schwimmen!

EAN 40 07817 157183
Art. Nr. 157-3
EAN 40 07817 157282
Art. Nr. 157-2
STAEDTLER
MADE IN GERMANY
ergosoft

STIFTE BRAUCHT DAS *Monster!*

DU BRAUCHST:

eine leere Shampoo- oder Duschgel-Flasche / Schere
Moosgummi / Kleber / Wackelaugen / Geschenkband

1 Zuerst wählst du eine Kopfform für dein Monster aus und lässt dir von einem Erwachsenen die Flasche dementsprechend zurechtschneiden. Anschließend spülst du die Flasche gründlich aus.

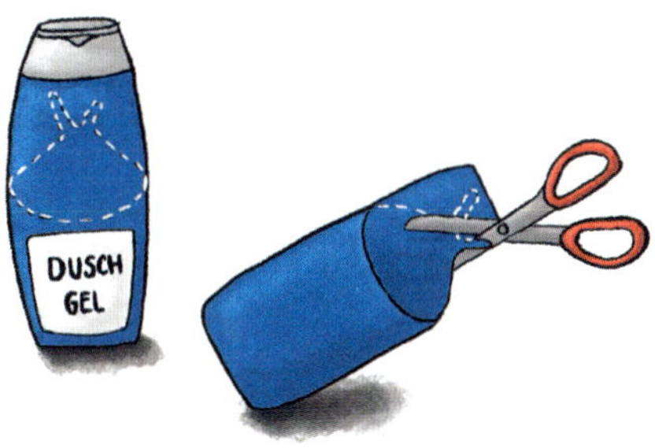

2 Aus Moosgummi schneidest du nun Mund, Arme und eventuell Haare aus. Klebe alles an dein Monster. Klebe ihm außerdem Wackelaugen an.

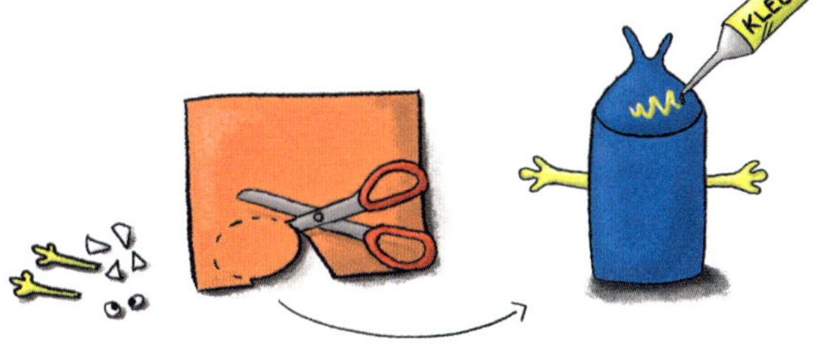

3 Zum Schluss bastelst du deinem Monster aus dem Geschenkband noch einen Gürtel oder ein Stirnband.

BUNTE HÄUSER, *grüne Gärten*

DU BRAUCHST:

Milchtüten / Cutter / Acrylfarbe / Pinsel / farbiges Papier / Schere / Kleber
zum Verzieren: Stoffreste / Aufkleber / Schaschlikspieße / Cocktailschirmchen
außerdem: Blumentopferde / Watte / Kressesamen

1 Zuerst lässt du dir von einem Erwachsenen die Milchtüte zuschneiden. Dann spülst du die Tüte aus und trocknest sie ab.

2 Mit Acrylfarbe malst du dein Haus so an, wie es dir gefällt.

3 Sobald die Farbe getrocknet ist, kannst du das Haus und den Zaun mit Vorhängen, Tieren und Blumen verzieren.

4 Jetzt polsterst du den „Vorgarten" deines Häuschens mit Watte aus. Darauf verteilst du den Kressesamen.

5 Halte den Samen feucht. Nach kurzer Zeit beginnt die Kresse zu keimen – und schon nach wenigen Tagen kannst du ernten!

AB INS *Wasser!*

DU BRAUCHST:

Schwammtücher / Stift / leere Plastikflaschen / Schere / Nadel
Faden / Wackelaugen / Kleber / wasserfesten Filzstift

1 Mit einer Schere schneidest du den Boden einer Plastikflasche ab und legst ihn auf ein Schwammtuch. Lass dir dabei von einem Erwachsenen helfen!

2 Um den Boden der Flasche herum malst du die Umrisse einer Schildkröte. Schneide die Schildkröte anschließend aus.

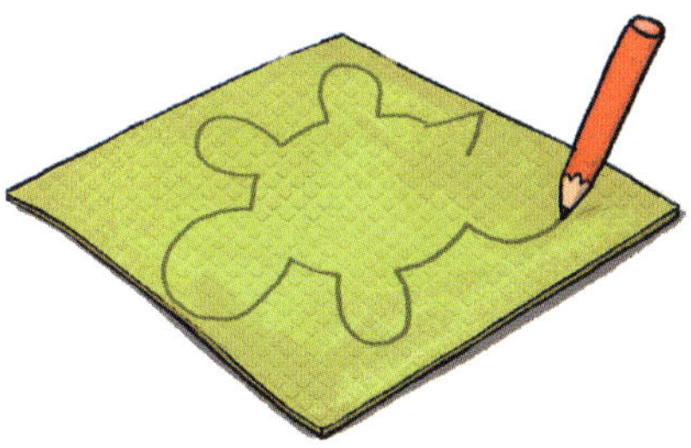

3 Dann nähst du den Flaschenboden mit Nadel und Faden an das Schwammtuch – bitte eventuell einen Erwachsenen um Hilfe!

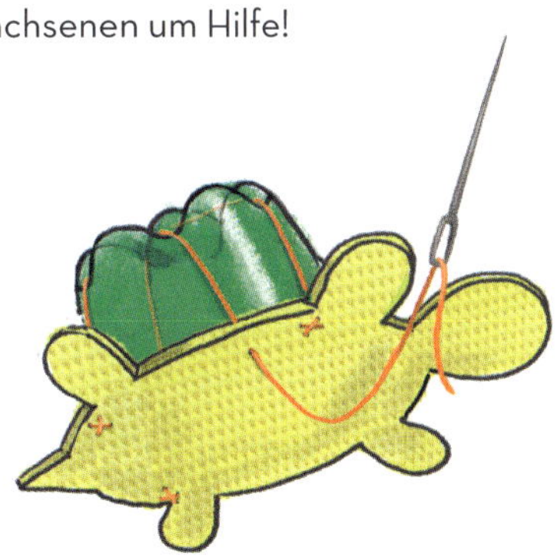

4 Zuletzt klebst du der Schildkröte Wackelaugen auf und malst ihr einen Mund aufs Schwammtuch. Jetzt kann deine Schildkröte schwimmen gehen!

SCHNAPP DIE *Wurst!*

DU BRAUCHST:

eine Küchenrolle / eine Klorolle / Schere / Pappe oder dickes Tonpapier
Pinsel / Wasserfarbe / Kleber / Filzreste (braun, rot und rosa) / Wackelaugen
zwei runde Magnete / Watte / Nylonfaden

1 Zuerst kürzt du die Küchenrolle auf etwa 15 Zentimeter und die Klorolle auf etwa fünf bis sechs Zentimeter. Male beide braun an.

2 Dann schneidest du aus Pappe oder dickem Tonpapier vier Beine und einen Schwanz für den Hund aus. Male sie ebenfalls braun an. Die Ohren werden aus braunem Filz ausgeschnitten.

3 Lass die Farbe trocknen. Dann klebst du die Klorolle an der Küchenrolle fest. Anschließend klebst du Ohren, Beine, Schwanz und Wackelaugen an.

4 In der Innenseite der Klorolle befestigst du mit flüssigem Kleber eines der Magnetplättchen. Über den Magneten klebst du eine Zunge aus rotem Filz.

5 Für das Würstchen brauchst du ein etwa acht mal zehn Zentimeter großes Rechteck aus rosafarbenem Filz. In die Mitte des Filzes legst du das zweite Magnetplättchen. Dann formst du eine kleine Wurst aus Watte, legst sie auf den Magneten und klebst den Filz an den Längsseiten zusammen.

6 Die Wurstenden bindest du mit einem Nylonfaden zusammen. Was wohl passiert, wenn sich der Hund der Wurst nähert?

SCHUHU!

Gespensterzeit!

DU BRAUCHST:

leere Gläser (zum Beispiel Marmeladen-, Senf- oder Gurkengläser) / Mullbinden
Schere / Kleber / Wackelaugen / Kerzen / lange Streichhölzer oder Stabfeuerzeug

1 Zuerst spülst du die Gläser sauber aus und trocknest sie ab.

2 Nachdem du eine Mullbinde drei- bis viermal um jedes Glas herumgewickelt hast, schneidest du sie ab und klebst sie mit ein paar Tropfen Kleber fest.

3 Nun klebst du Wackelaugen auf die Mullbinden und stellst Kerzen in die Gläser.
Mit langen Streichhölzern oder einem Stabfeuerzeug kannst du die Kerzen anzünden.

LUSTIGES Sparschwein

DU BRAUCHST:

eine Plastikflasche / Cutter / Pinsel / Acrylfarbe (rosa und schwarz)
Wackelaugen / Alleskleber / rosa Moosgummi / Schere

1 Lass dir von einem Erwachsenen mit dem Cutter einen Schlitz in die Flasche schneiden. Die Öffnung sollte ungefähr drei bis vier Zentimeter lang und einen halben Zentimeter breit sein.

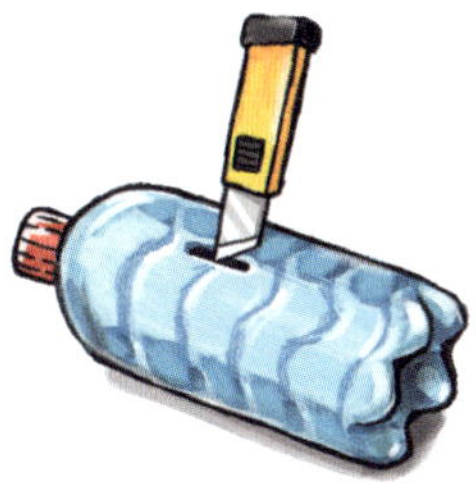

2 Mit einem Pinsel und rosa Acrylfarbe malst du dein Schwein an.

3 Sobald die Farbe getrocknet ist, malst du Nasenlöcher auf den Verschluss der Flasche und klebst Wackelaugen auf.

4 Aus Moosgummi schneidest du Ohren, Beine und ein Ringelschwänzchen aus und klebst sie an dein Schwein. Jetzt kannst du anfangen zu sparen. Und wenn das Sparschwein voll ist, hilft dir bestimmt ein Erwachsener, es aufzuschneiden!

SANTA
CRISTINA

PRIMA *Schwimmer*

DU BRAUCHST:

Moosgummi in verschiedenen Farben / Schere / Bleistift
Kontakt-Kraftkleber / Wackelaugen / Korken

1 Zuerst zeichnest du mit Bleistift den Umriss deines Schwimmtieres auf Moosgummi auf. Dann schneidest du das Tier aus.

2 Jetzt schneidest du Maul oder Flossen in farblich passendem Moosgummi aus und klebst beides auf. Anschließend bekommt dein Tier auf jeder Seite noch ein Wackelauge. Zum Schluss klebst du an das Unterteil deines Tieres seitlich zwei Korken.

3 Der Klebstoff muss jetzt noch etwa eine halbe Stunde trocknen – und dann kannst du dein Tier schwimmen lassen!

HIER KOMMEN DIE *Ungeheuer!*

DU BRAUCHST:

Eierkartons / Cutter / Plaka- oder Acrylfarbe / Pinsel
Tonpapier oder Wellpappe / Schere / Kleber / Nagelschere
zum Verzieren: Stoffreste, Federn, bunte Kordeln

1 Für die Ohren der Ungeheuer lässt du dir von einem Erwachsenen die kleinen Pyramiden in der Mitte der Eierkartons mit dem Cutter herausschneiden.

2 Mit Plaka- oder Acrylfarbe malst du die Eierkartons und die Ungeheuer-Ohren bunt an. Auf die Lasche, mit der die Eierkartons geschlossen werden, malst du eine kleine Nase.

3 Sobald die Farbe getrocknet ist, kannst du aus Tonpapier, Wellpappe oder Stoffresten Münder, Augen und Augenbrauen ausschneiden und aufkleben.

4 Auf die Oberseite der Eierkartons klebst du die Ohren. Anschließend kannst du mit einer Nagelschere in die Spitzen der Ohren kleine Löcher bohren und Federn oder Kordeln hineinstecken.

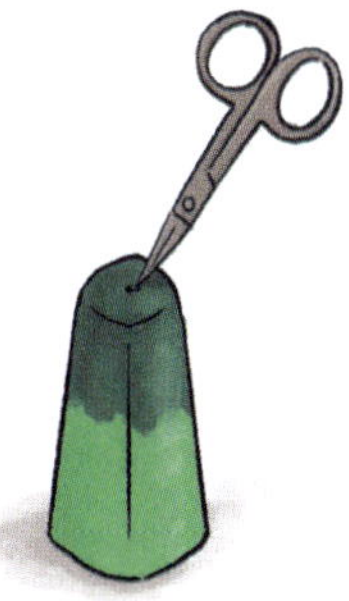

11

FLOTTE *Flitzer*

DU BRAUCHST:

Klorollen / Cutter / Plakafarbe / Deckweiß / Pinsel / Kleber
Tonpapier in verschiedenen Farben / Bastelschere und Nagelschere / Flügelklammern

1 In die Mitte der Klorollen lässt du dir von einem Erwachsenen mit dem Cutter eine Öffnung schneiden. Die Pappe klappst du an dieser Stelle nach oben. Dann malst du die Rollen mit Plakafarbe an.

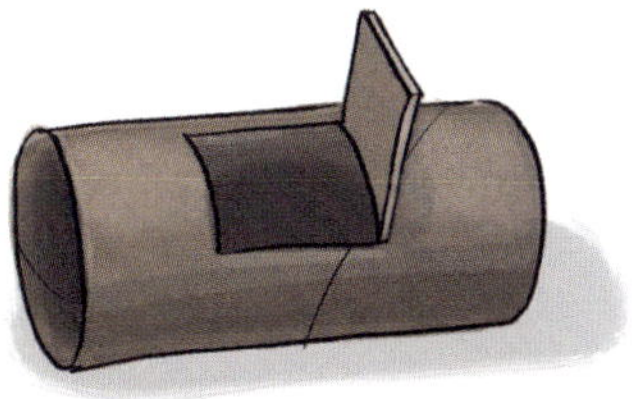

2 Aus Tonpapier schneidest du Räder (Durchmesser etwa vier Zentimeter), Nummern, Lenkräder und Verzierungen für deine Autos aus.

3 Mit einer Nagelschere bohrst du kleine Löcher in die Mitte der Räder und an vier Stellen der Klorolle. Anschließend befestigst du mit Flügelklammern die Räder an den Rollen.

Wenn du magst, kannst du die Flügelklammern mit etwas Deckweiß „verschwinden“ lassen.

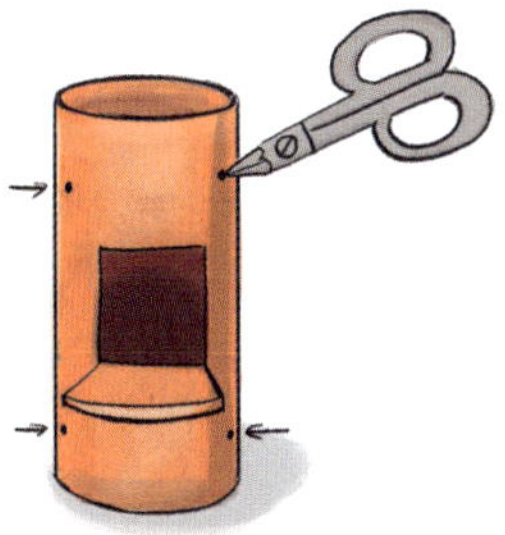

4 Zum Schluss klebst du die Nummern, Verzierungen und Lenkräder auf die Autos. Das Rennen kann beginnen!

SPIELEN

FRÖHLICHES Zwergen-Memo

DU BRAUCHST:

Eierkartons (insgesamt 20 Spitzen) / Schere / Pinsel / Acrylfarbe / Wackelaugen
Kleber / rote Stoffreste / 10-mal zwei gleiche Gegenstände

1 Aus den Eierkartons schneidest du die Spitzen aus und malst sie mit Acrylfarbe hell an.

2 Sobald die Farbe getrocknet ist, malst du Nasen und Münder auf und klebst Wackelaugen an.

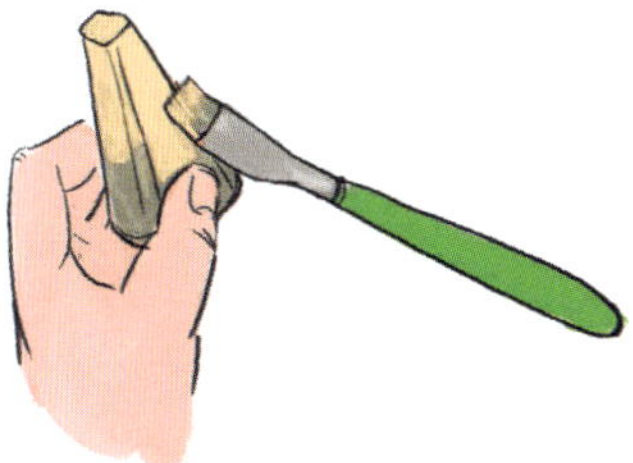

3 Aus roten Stoffresten schneidest du Dreiecke aus, wickelst sie um die Eierkarton-Spitzen und klebst sie zu Zipfelmützen fest.

So wird gespielt:
Während die Mitspieler den Raum verlassen, legt der Spielleiter unter jeden Zwerg einen Gegenstand. Sind alle Gegenstände verteilt, dürfen die Spieler den Raum wieder betreten. Der jüngste Mitspieler beginnt. Er hebt nun zwei Zwerge hoch. Befindet sich unter beiden der gleiche Gegenstand, darf der Spieler die Gegenstände behalten, die Zwerge zur Seite stellen und zwei weitere Zwerge hochheben. Befinden sich unterschiedliche Gegenstände unter den Zwergen, stellt der Mitspieler die Zwerge zurück, und der Nächste ist an der Reihe. Wer am Ende die meisten Schätze gesammelt hat, ist Sieger!

WILDER Trommelwirbel

DU BRAUCHST:

Konservendosen / Luftballons / Schere / Geschenkbänder
Kleber / 1 Styroporkugel / 1 Holzstab

1 Zuerst entfernst du die Etiketten und spülst die leeren Konservendosen aus.

2 Dann schneidest du die Luftballons in der Mitte durch und stülpst jeweils den oberen Teil über die Dosen.

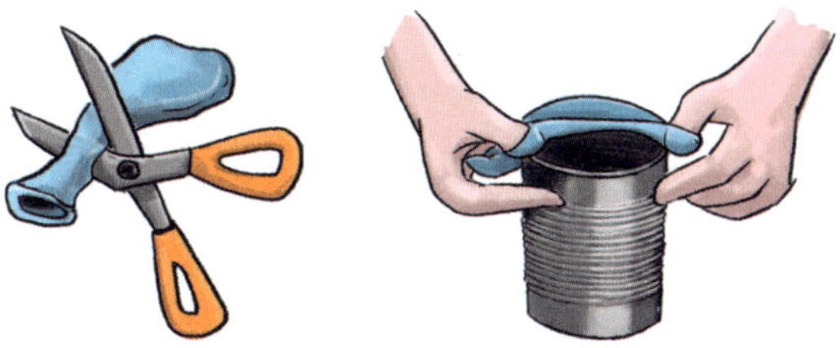

3 Wenn du möchtest, kannst du jetzt noch ein Geschenkband um die Dosen binden und festkleben.

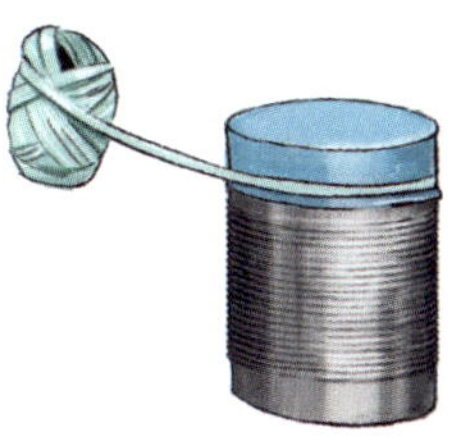

4 Zuletzt steckst du einen Holzstab in eine Styroporkugel. Nun kannst du anfangen zu trommeln!

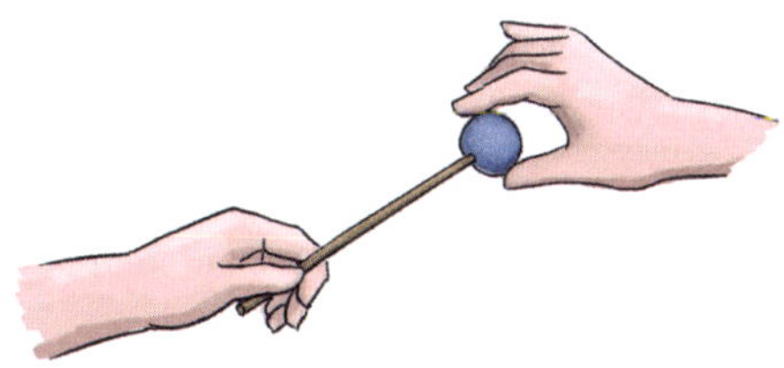

FANG DEN *Fisch!*

DU BRAUCHST:

eine Plastikflasche / wasserlöslichen Filzstift / eine Überraschungsei-Kapsel
Schere / Pinsel / Acrylfarbe / Korkenzieher / Schnur / Kleber

1 Mit einem Filzstift malst du die Umrisse eines großen Fisches auf eine Plastikflasche.

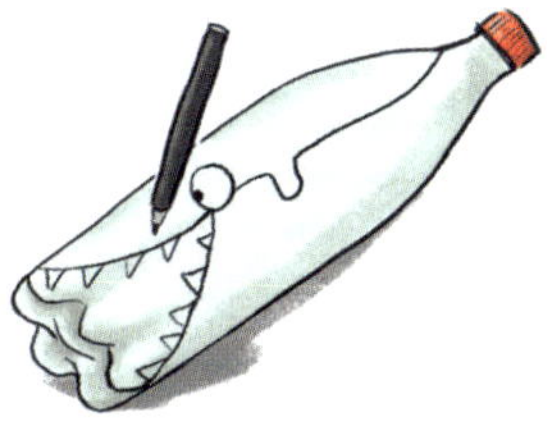

2 Anschließend schneidest du den Fisch aus. Lass dir dabei von einem Erwachsenen helfen!

3 Nun malst du mit Pinsel und Acrylfarbe einen Fisch auf die große Flasche und einen zweiten Fisch auf die Überraschungsei-Kapsel.

4 Mit einem Korkenzieher bohrst du kleine Löcher in die Hinterteile der Fische. Durch diese Löcher ziehst du eine Schnur, verknotest sie und klebst sie an den Innenseiten der Fisch-Enden fest. Schaffst du es, den kleinen Fisch zu fangen?

LAUF, PFERDCHEN, *lauf!*

DU BRAUCHST:

eine Socke (grau, beige oder braun) / Watte / Filzreste für Pferdeohren und Augen
Schere / Kleber / Wolle (grau, braun oder schwarz) / Nähnadel / Nähgarn oder Faden
Geschenkband (etwa 2 m lang und 2 cm breit) / 2 Knöpfe / Holzstab

1 Zuerst stopfst du die Socke bis zur Ferse mit Watte aus. Dann schneidest du aus Filzresten die Augen aus und klebst sie auf.

2 Aus Wolle stickst du die Nüstern und das Maul des Pferdes.

3 Für die Ohren schneidest du zwei Dreiecke aus Filz aus. Lege beide Dreiecke in der Mitte zusammen, nähe sie an jeweils einer Seite aneinander und stopfe sie anschließend mit Watte aus. Befestige die Ohren mit einem dünnen Faden am Pferdekopf.

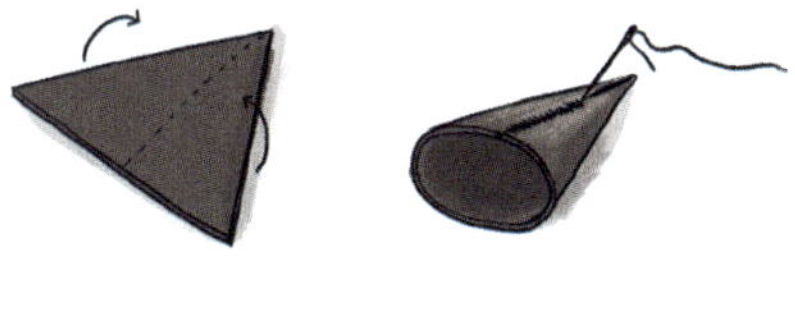

4 Nun wickelst du das Geschenkband um den Pferdekopf. Nähe es unter den Ohren mit zwei Knöpfen an der Socke fest.

5 Jetzt fädelst du etwa 30 Zentimeter lange Wollfäden auf, ziehst sie zwischen den Filzohren durch die Socke und verknotest sie in der Mitte.
Zum Schluss stülpst du den unteren Teil der Socke über den Stock, polsterst alles mit ein wenig zusätzlicher Watte aus und umwickelst Socke und Stock mit einem dünnen Faden. Los geht der wilde Ritt!

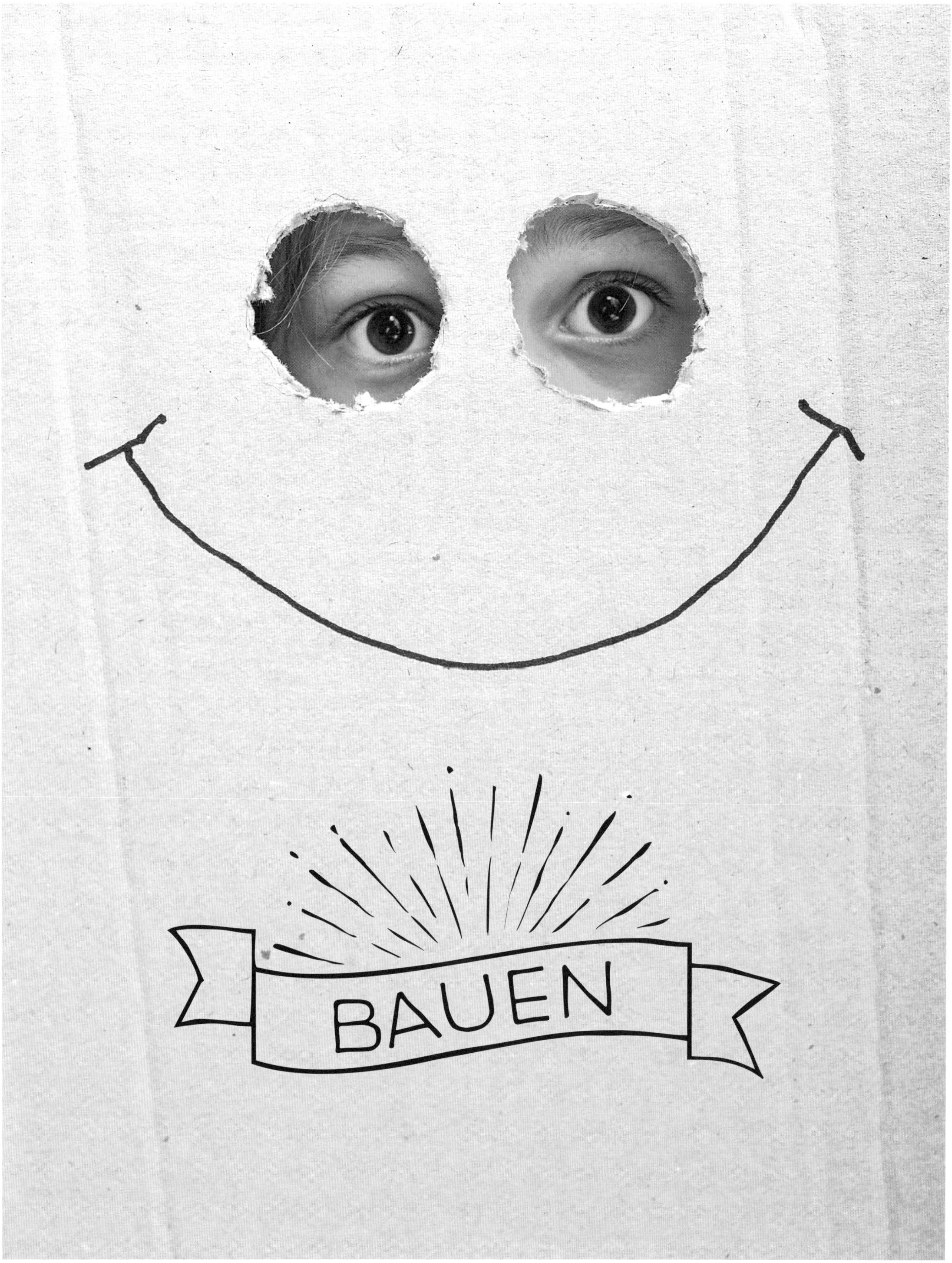
BAUEN

KRIMSKRAMS-Schreibtisch-Box

mittlere Reihe: Klorollen, mit Acrylfarbe bemalt, Blechdosen

vordere Reihe: Eierkarton, Klorolle, Schachteln, alles mit Acrylfarbe bemalt

hintere Reihe: Pappbecher, Schachtel, Küchenrolle, alles mit Acrylfarbe bemalt

unten: Alle Behälter werden auf dem Deckel eines Kartons festgeklebt. Der Deckel ist mit Zierband beklebt.

COOLE
Roboter

Haare: Draht

Körper, Kopf und Beine: verschiedene Pappschachteln

Augen: Korken, Verschlüsse von Flaschen und weißes Tonpapier. Die schwarzen Kreise werden mit Filzstift aufgemalt.

Ohren: Deckel von Konservengläsern

Mund: Chenilledraht

Anzeige: schwarzes, weißes und rotes Tonpapier

Bauch: Deckel, Drehverschlüsse, schwarzer, rosafarbener und gelber Moosgummi

Körper und Kopf: Pappschachteln
Ohren: Deckel von Shampooflaschen
Augen: Styroporkugeln, Moosgummi und Draht
Mund: Haargummi
Arme: Moosgummi und Chenilledraht
Bauch: Deckel und Drehverschlüsse
Anzeige: schwarzer und gelber Moosgummi
Beine: Konservendosen

ZAUBERHAFTES
Obstkisten-Haus

Aus Obstkisten und Schachteln, aus Stoffen und Draht sowie aus Perlen und Zweigen entsteht ein wunderschönes Haus zum Spielen und Immer-weiter-Bauen! Am besten, du fängst gleich mal an, all die Dinge im Haushalt zu sammeln, die man eigentlich gar nicht mehr benötigt …

DER STUHL

Zuerst biegst du ein etwa 20 Zentimeter langes und ein Millimeter dickes Stück Draht in die Form eines Stuhls. Am besten fängst du in der Mitte des Drahtes mit der Oberseite der Stuhllehne an.
Danach schneidest du aus einem Stück Stoff zwei Rechtecke aus und klebst sie als Sitzfläche und als Lehne am Stuhl fest.

DIE WÄSCHELEINE

Mit einem Stück dünnen Draht verbindest du zweimal zwei Schaschlik-Spieße zu einem X. Die vier unteren Enden der Spieße steckst du in Knete oder Modelliermasse. Zwischen den Schaschlik-Spießen befestigst du nun eine Wäscheleine aus Draht. Jetzt kannst du aus Stoffresten Kleider ausschneiden und aufhängen!

DER SCHREIBTISCH

Aus drei Streichholzschachteln, die du aneinanderklebst und anmalst, bastelst du die Schubladen. Als Knäufe klebst du kleine Perlen fest. Aus Pappe schneidest du anschließend ein zehn bis zwölf Zentimeter langes und fünf Zentimeter breites Rechteck aus. An einer Seite des Rechtecks klebst du zwei 4,5 Zentimeter lange Holzstäbe, an der anderen Seite die Schubladen fest. Jetzt kannst du Tischplatte und Tischbeine anmalen.

DIE LEITER

Klebe zwei etwa zehn bis zwölf Zentimeter lange und fünf etwa zwei Zentimeter lange Zweige mit Alleskleber zu einer Leiter zusammen. Sobald der Kleber getrocknet ist, kannst du die Leiter anmalen.

DIE DECKENLAMPE

An ein Cocktail-Schirmchen klebst du ein elektrisches Teelicht. Dann bohrst du ein kleines Loch in die Decke deines Zimmers. Um die Spitze des Schirmes wickelst du ein Stück Draht, das du durchs Loch in der Decke steckst und an der Oberseite der Obstkiste befestigst.

DER ESSTISCH

Aus einer dünnen Holzleiste oder einem Stück Pappe und einem Weinkorken bastelst du einen Tisch. Nachdem du die Tischplatte angemalt hast, kannst du aus Tonpapier Teller und Besteck und aus Stoffresten Servietten ausschneiden. Um einen Topf zu basteln, wickelst du etwas Alufolie um einen Flaschen-Schraubverschluss und um einen Kronkorken. Wenn du den Topf voller Spaghetti haben möchtest, kannst du ihn mit Holzwolle füllen.

DAS REGAL

Von einer dünnen Holzleiste sägst du fünf etwa sieben bis zehn Zentimeter und zwei etwa 14 bis 18 Zentimeter lange Stücke ab und klebst sie zu einem Regal zusammen. Sobald der Kleber getrocknet ist, kannst du das Regal mit Acrylfarbe anmalen.

DER SONNENSCHIRM

Aus einem bunten Stoffrest schneidest du einen Kreis mit einem Durchmesser von ungefähr zehn bis zwölf Zentimetern aus und klebst ihn auf einem Cocktail-Schirmchen fest. Aus einem Eierkarton schneidest du eine der Spitzen aus und füllst sie mit Knete. Nun steckst du deinen Schirm hinein.